Komm, wir schauen
uns auf dem
Bauernhof um!
Die Menschen, die
hier arbeiten, sorgen
für unser Essen: Sie
kümmern sich um die
Tiere und bauen auf
den Feldern Getreide
und Gemüse an.

Warst du schon mal auf
einem Bauernhof? Welche
Tiere hast du dort gesehen?

Woher kommt die Milch?

Morgens und abends werden die **Kühe** gemolken. Durch
Schläuche fließt die Milch in große Tanks. Ein Tankwagen bringt
die Milch zur Molkerei. Dort wird sie in Tüten oder Flaschen
verpackt – damit du sie später im Laden kaufen kannst.

**Auf der Weide können sich
die Kühe austoben und
frisches Gras fressen.**

Wie sieht es im Schweinestall aus?

Schweine fühlen sich wohl, wenn sie viel Platz und ein kuscheliges Strohlager haben. Ihr Geschäft verrichten sie in einer anderen Ecke und zum Fressen möchten sie einen weiteren Extraplatz – sie mögen es nämlich gern sauber.

Schweine fressen gern Getreide, Äpfel und Gemüse.

Schweinebabys heißen **Ferkel**. Sie trinken Milch bei ihrer Mutter, der **Sau**. Unter der Rotlichtlampe haben die Ferkel es besonders warm. Der **Eber**, das ist der Schweinepapa, hat einen eigenen Stall nebenan.

Die **Hühner** wohnen im Hühnerstall. Sie scharren aber auch gern draußen im Sand. **Hennen**, die Hühnerweibchen, legen ihre Eier ins weiche und dunkle Strohnest. Und zwar ganz schön viele: fast jeden Tag eins!

Wenn die Hennen mit einem **Hahn** zusammenleben, können aus den Eiern kleine **Küken** schlüpfen.

3 Wochen brütet die Henne die Eier aus, …

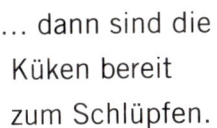

… dann sind die Küken bereit zum Schlüpfen.

Schau mal, wie flauschig die Kleinen bald aussehen!

Welche Tiere leben noch auf dem Bauernhof?

Früher halfen **Pferde** bei der Arbeit auf dem Bauernhof. Heute werden sie vor allem gehalten, damit Menschen auf ihnen reiten können.

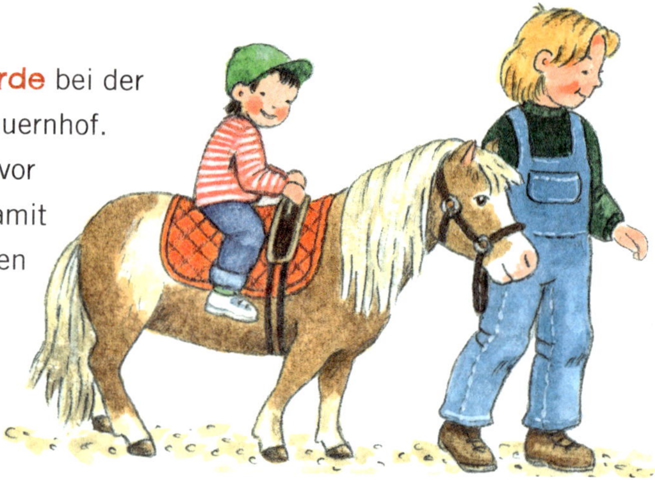

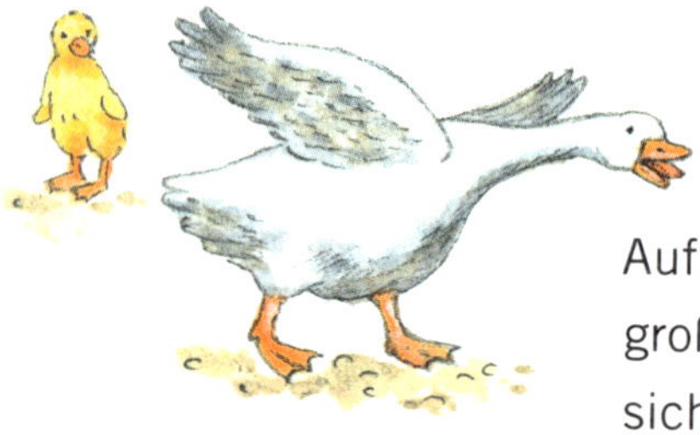

Hausgänse sind gute Aufpasser. Sie machen großen Radau, wenn sie sich bedroht fühlen.

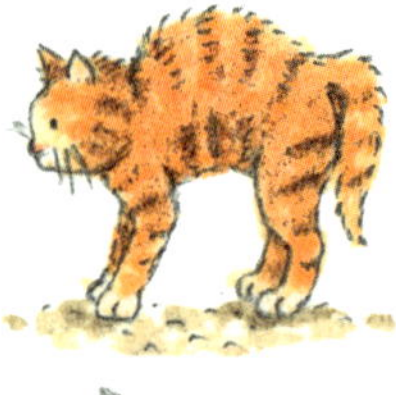

Ziegen geben Milch, aus der man auch Käse machen kann.

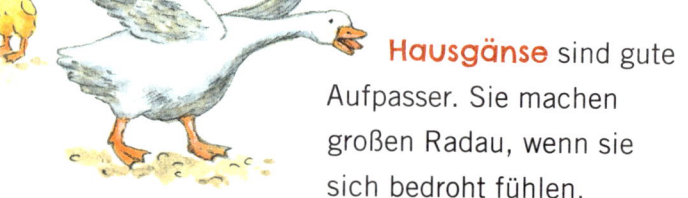

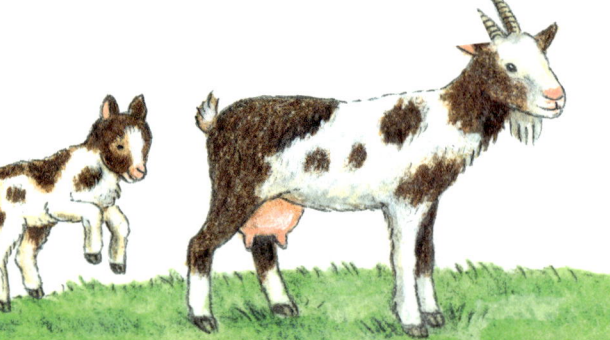

Wenn es im Frühling warm wird, schwitzen die **Schafe** unter ihrem dicken Winterfell. Dann werden sie geschoren. Bis zum nächsten Winter ist das Fell längst wieder nachgewachsen.

Aus der Schafwolle kann man zum Beispiel kuschelige Pullis stricken.

Wer hilft auf dem Feld?

Der **Traktor** ist ein starker Helfer bei der Feldarbeit. Er kann unterschiedliche Maschinen und Geräte ziehen – je nachdem, was zu tun ist. Hier gräbt er mit einem **Pflug** die Erde um.

Danach zieht die **Sämaschine** Rillen in die Erde, lässt
Samenkörner hineinfallen und deckt sie sofort wieder mit Erde zu.

Schau mal: So groß
sind Weizenkörner
in Wirklichkeit!

Wie wachsen Pflanzen?

Aus einem winzigen
Getreidekorn kann eine
neue **Pflanze** wachsen.
Zuerst schaut nur ein kleiner
Keimling aus der Erde.
Langsam wird daraus eine
Pflanze mit Stiel und Blättern –
und Wurzeln unter der Erde.

In der Ähre an der Spitze
der Pflanze stecken neue
Getreidekörner.

Die Körner aus den Ähren werden zu feinem **Mehl** gemahlen.
Daraus kann man Nudeln machen und Brot, Brötchen, Pizza oder
Kuchen backen. Gepresste Getreidekörner kannst du auch als
Flocken essen, zum Beispiel Haferflocken.

Hafer

Dinkel

Roggen

Gerste

Weizen

Was macht ein Mähdrescher?

Beim Ernten des Getreides kommt der **Mähdrescher** zum Einsatz. Das ist eine unglaubliche Maschine: Sie schneidet die Halme ab, schüttelt die Körner heraus und pustet sie auf einen Anhänger. Später werden die Körner zur Mühle gebracht und dort zu Mehl gemahlen.

Die leeren Halme spuckt der Mähdrescher wieder aus.
Später presst die **Rundballenpresse** die leeren
Getreidehalme zu Strohballen.

Das Stroh bekommen die
Tiere im Stall als Unterlage.

Was gibt es im Hofladen?

Im **Hofladen** kannst
du frisches Obst und Gemüse
kaufen, das auf dem Bauernhof
geerntet wurde. Auch Brot, Eier, Milch, Käse
und Fleisch gibt es hier.
Was magst du am liebsten?